AF559434

Bertolt Brecht

Gedichte im Exil
Buckower Elegien

Insel Verlag

Insel-Bücherei Nr. 810
Sonderausgabe 2017

Gedichte im Exil

Gedanken über die Dauer des Exils

I

Schlage keinen Nagel in die Wand!
Wirf den Rock auf den Stuhl!
Warum vorsorgen für vier Tage?
Du kehrst morgen zurück.

Laß den kleinen Baum ohne Wasser!
Wozu noch einen Baum pflanzen?
Bevor er so hoch wie eine Stufe ist
Gehst du froh weg von hier.

Zieh die Mütze ins Gesicht, wenn die Leute vorbeigehn!
Wozu in einer fremden Grammatik fingern?
Die Nachricht, die dich heimruft
Ist in bekannter Sprache geschrieben.

So wie der Kalk vom Gebälk blättert
(Tue nichts dagegen!)
Wird der Zaun der Gewalt zermorschen
Der an der Grenze aufgerichtet ist
Gegen die Gerechtigkeit.

2

Sieh den Nagel an der Wand, den du eingeschlagen hast:
Wann, glaubst du, wirst du zurückkehren?
Willst du wissen, was du im Innersten glaubst?

Tag um Tag
Arbeitest du für die Befreiung
Sitzend in der Kammer schreibst du:
Willst du wissen, was du von deiner Arbeit hältst?
Sieh den kleinen Kastanienbaum im Eck des Hofes
Zu dem du die Kanne voll Wasser schlepptest.

Der Schneesturm

Heute, Ostersonntag früh
Ging ein plötzlicher Schneesturm über die Insel.
Zwischen den grünenden Hecken lag Schnee. Mein junger Sohn
Holte mich zu einem Aprikosenbäumchen an der Hausmauer
Weg von einer Schrift, wo ich auf jene mit dem Finger deute
Welche einen Krieg vorbereiten, der
Den Kontinent, diese Insel, mein Volk, meine Familie und mich
Vertilgen muß. Schweigend
Legten wir einen Sack
Über den frierenden Baum.

Der Kirschdieb

An einem frühen Morgen, lange vor Hahnenschrei
Wurde ich geweckt durch ein Pfeifen und ging zum Fenster.
Auf meinem Kirschbaum – Dämmerung füllte den Garten –
Saß ein junger Mann mit geflickter Hose
Und pflückte lustig meine Kirschen. Mich sehend
Nickte er mir zu. Mit beiden Händen
Holte er die Kirschen von den Zweigen in seine Taschen.
Noch eine ganze Zeit lang, als ich wieder in meiner Bettstatt lag
Hörte ich ihn sein lustiges kleines Lied pfeifen.

Der Totenvogel

In den Weiden am Sund
Ruft in diesen Frühjahrsnächten oft das Käuzchen.
Nach dem Aberglauben der Bauern
Setzt das Käuzchen die Menschen davon in Kenntnis
Daß sie nicht lang leben. Mich
Der ich weiß, daß ich die Wahrheit gesagt habe
Braucht der Totenvogel davon
Nicht erst in Kenntnis zu setzen.

1939. Aus dem Reich kommen wenig Nachrichten

Der Anstreicher spricht von kommenden großen Zeiten.
Die Wälder wachsen noch.
Die Äcker tragen noch.
Die Städte stehen noch.
Die Menschen atmen noch.

Fragen eines lesenden Arbeiters

Wer baute das siebentorige Theben?
In den Büchern stehen die Namen von Königen.
Haben die Könige die Felsbrocken herbeigeschleppt?
Und das mehrmals zerstörte Babylon
Wer baute es so viele Male auf? In welchen Häusern
Des goldstrahlenden Lima wohnten die Bauleute?
Wohin gingen an dem Abend, wo die chinesische Mauer fertig war
Die Maurer? Das große Rom
Ist voll von Triumphbögen. Wer errichtete sie? Über wen
Triumphierten die Cäsaren? Hatte das vielbesungene Byzanz
Nur Paläste für seine Bewohner? Selbst in dem sagenhaften Atlantis
Brüllten in der Nacht, wo das Meer es verschlang
Die Ersaufenden wohl nach ihren Sklaven.

Der junge Alexander eroberte Indien.
Er allein?
Cäsar schlug die Gallier.
Hatte er nicht wenigstens einen Koch mit?
Philipp von Spanien weinte, als seine Flotte
Untergegangen war. Weinte sonst niemand?
Friedrich der Zweite siegte im Siebenjährigen Krieg. Wer
Siegte außer ihm?

Jede Seite ein Sieg.
Wer kochte den Siegesschmaus?
Alle zehn Jahre ein großer Mann.
Wer bezahlte die Spesen?

So viele Berichte
So viele Fragen.

Die Antwort

Mein junger Sohn fragt mich: Soll ich Mathematik lernen?
Wozu, möchte ich sagen. Daß zwei Stück Brot mehr ist als eines
Das wirst du auch so merken.
Mein junger Sohn fragt mich: Soll ich Englisch lernen?
Wozu, möchte ich sagen. Dieses Reich geht unter. Und
Reibe du nur mit der flachen Hand den Bauch und stöhne
Und man wird dich schon verstehen.
Mein junger Sohn fragt mich: Soll ich Geschichte lernen?
Wozu, möchte ich sagen. Lerne du deinen Kopf in die Erde stecken
Da wirst du vielleicht übrigbleiben.

Ja, lerne Mathematik, sage ich
Lerne Englisch, lerne Geschichte!

1941. Die Tür

Auf der Flucht vor meinen Landsleuten
Bin ich nun nach Finnland gelangt. Freunde
Die ich gestern nicht kannte, stellten ein paar Betten
In saubere Zimmer. Im Lautsprecher
Höre ich die Siegesmeldungen des Abschaums. Neugierig
Betrachte ich die Karte des Erdteils. Hoch oben in Lappland
Nach dem nördlichen Eismeer zu
Sehe ich noch eine kleine Tür.

Hollywood

Jeden Morgen, mein Brot zu verdienen
Gehe ich auf den Markt, wo Lügen gekauft werden.
Hoffnungsvoll
Reihe ich mich ein zwischen die Verkäufer.

Lektüre ohne Unschuld

In seinen Tagebüchern der Kriegszeit
Erwähnt der Dichter Gide einen riesigen Platanenbaum
Den er bewundert – lange – wegen seines enormen Rumpfes
Seiner mächtigen Verzweigung und seines Gleichgewichts
Bewirkt durch die Schwere seiner wichtigsten Äste.

Im fernen Kalifornien
Lese ich kopfschüttelnd diese Notiz.
Die Völker verbluten. Kein natürlicher Plan
Sieht ein glückliches Gleichgewicht vor.

Bei der Nachricht von der Erkrankung eines mächtigen Staatsmanns

Wenn der unentbehrliche Mann hustet
Wanken drei Reiche.
Wenn der unentbehrliche Mann stirbt
Schaut sich die Welt um wie eine Mutter, die keine Milch für ihr Kind hat.
Kehrte der unentbehrliche Mann eine Woche nach seinem Tode zurück
Fände sich im ganzen Reich für ihn nicht mehr die Stelle eines Portiers.

Zeitunglesen beim Teekochen

Frühmorgens lese ich in der Zeitung von epochalen Plänen
Des Papstes und der Könige, der Bankiers und der Ölbarone.
Mit dem anderen Auge bewach ich
Den Topf mit dem Teewasser
Wie es sich trübt und zu brodeln beginnt und sich wieder klärt
Und den Topf überflutend das Feuer erstickt.

Die Maske des Bösen

An meiner Wand hängt ein japanisches Holzwerk
Maske eines bösen Dämons, bemalt mit Goldlack.
Mitfühlend sehe ich
Die geschwollenen Stirnadern, andeutend
Wie sehr es anstrengt, böse zu sein.

Deutsches Miserere

Eines schönen Tages befahlen uns unsere Obern
Die kleine Stadt Danzig für sie zu erobern.
Wir sind mit Tanks und Bombern in Polen eingebrochen
Wir eroberten es in drei Wochen.
Gott bewahr uns.

Eines schönen Tages befahlen uns unsere Obern
Norwegen und Frankreich für sie zu erobern.
Wir sind in Norwegen und Frankreich eingebrochen
Und haben alles erobert im zweiten Jahr in fünf Wochen.
Gott bewahr uns.

Eines schönen Tages befahlen uns unsere Obern
Serbien, Griechenland und Rußland für sie zu erobern.
Wir sind in Serbien, Griechenland, Rußland eingefahren
Und kämpfen jetzt um unser nacktes Leben seit zwei langen Jahren.
Gott bewahr uns.

Eines schönen Tages befehlen uns noch unsere Obern
Den Boden der Tiefsee und die Gebirge des Mondes zu erobern.
Und es ist schwer schon mit diesem Russenland
Und der Feind stark und der Winter kalt und der Heimweg unbekannt.
Gott bewahr uns und führ uns wieder nach Haus.

Ich, der Überlebende

Ich weiß natürlich: einzig durch Glück
Habe ich so viele Freunde überlebt. Aber heute nacht im Traum
Hörte ich diese Freunde von mir sagen: »Die Stärkeren überleben«
Und ich haßte mich.

Die Rückkehr

Die Vaterstadt, wie find ich sie doch?
Folgend den Bomberschwärmen
Komm ich nach Haus.
Wo denn liegt sie? Wo die ungeheueren
Gebirge von Rauch stehn.
Das in den Feuern dort
Ist sie.

Die Vaterstadt, wie empfängt sie mich wohl?
Vor mir kommen die Bomber. Tödliche Schwärme
Melden euch meine Rückkehr. Feuersbrünste
Gehen dem Sohn voraus.

Buckower Elegien

Ginge da ein Wind
Könnte ich ein Segel stellen.
Wäre da kein Segel
Machte ich eines aus Stecken und Plane.

Der Radwechsel

Ich sitze am Straßenhang.
Der Fahrer wechselt das Rad.
Ich bin nicht gern, wo ich herkomme.
Ich bin nicht gern, wo ich hinfahre.
Warum sehe ich den Radwechsel
Mit Ungeduld?

Der Blumengarten

Am See, tief zwischen Tann und Silberpappel
Beschirmt von Mauer und Gesträuch ein Garten
So weise angelegt mit monatlichen Blumen
Daß er vom März bis zum Oktober blüht.

Hier, in der Früh, nicht allzu häufig, sitz ich
Und wünsche mir, auch ich mög allezeit
In den verschiedenen Wettern, guten, schlechten
Dies oder jenes Angenehme zeigen.

Die Lösung

Nach dem Aufstand des 17. Juni
Ließ der Sekretär des Schriftstellerverbands
In der Stalinallee Flugblätter verteilen
Auf denen zu lesen war, daß das Volk
Das Vertrauen der Regierung verscherzt habe
Und es nur durch verdoppelte Arbeit
Zurückerobern könne. Wäre es da
Nicht doch einfacher, die Regierung
Löste das Volk auf und
Wählte ein anderes?

Böser Morgen

Die Silberpappel, eine ortsbekannte Schönheit
Heut eine alte Vettel. Der See
Eine Lache Abwaschwasser, nicht rühren!
Die Fuchsien unter dem Löwenmaul billig und eitel.
Warum?
Heut nacht im Traum sah ich Finger, auf mich deutend
Wie auf einen Aussätzigen. Sie waren zerarbeitet und
Sie waren gebrochen.

Unwissende! schrie ich
Schuldbewußt.

Die Musen

Wenn der Eiserne sie prügelt
Singen die Musen lauter.
Aus gebläuten Augen
Himmeln sie ihn hündisch an.
Der Hintern zuckt vor Schmerz
Die Scham vor Begierde.

Gewohnheiten

Die Teller werden hart hingestellt
Daß die Suppe überschwappt.
Mit schriller Stimme
Ertönt das Kommando: Zum Essen!

Der preußische Adler
Den Jungen hackt er
Das Futter in die Mäulchen.

Heißer Tag

Heißer Tag. Auf den Knieen die Schreibmappe
Sitze ich im Pavillon. Ein grüner Kahn
Kommt durch die Weide in Sicht. Im Heck
Eine dicke Nonne, dick gekleidet. Vor ihr
Ein ältlicher Mensch im Schwimmanzug,
wahrscheinlich ein Priester.
An der Ruderbank, aus vollen Kräften rudernd
Ein Kind. Wie in alten Zeiten! denke ich
Wie in alten Zeiten!

Die neue Mundart

Als sie einst mit ihren Weibern über Zwiebeln sprachen
Die Läden waren wieder einmal leer
Verstanden sie noch die Seufzer, die Flüche, die Witze
Mit denen das unerträgliche Leben
In der Tiefe dennoch gelebt wird.
Jetzt
Herrschen sie und sprechen eine neue Mundart
Nur ihnen selber verständlich, das Kaderwelsch
Welche mit drohender und belehrender Stimme gesprochen wird
Und die Läden füllt – ohne Zwiebeln.

Dem, der Kaderwelsch hört
Vergeht das Essen.
Dem, der es spricht
Vergeht das Hören.

Große Zeit, vertan

Ich habe gewußt, daß Städte gebaut wurden
Ich bin nicht hingefahren.
Das gehört in die Statistik, dachte ich
Nicht in die Geschichte.

Was sind schon Städte, gebaut
Ohne die Weisheit des Volkes?

Eisen

Im Traum heute Nacht
Sah ich einen großen Sturm.
Ins Baugerüst griff er
Den Bauschragen riß er
Den Eisernen, abwärts.
Doch was da aus Holz war
Bog sich und blieb.

Der Rauch

Das kleine Haus unter Bäumen am See.
Vom Dach steigt Rauch.
Fehlte er
Wie trostlos dann wären
Haus, Bäume und See.

Vor acht Jahren

Da war eine Zeit
Da war alles hier anders.
Die Metzgerfrau weiß es.
Der Postbote hat einen zu aufrechten Gang.
Und was war der Elektriker?

Der Einarmige im Gehölz

Schweißtriefend bückt er sich
Nach dem dürren Reisig. Die Stechmücken
Verjagt er durch Kopfschütteln. Zwischen den Knieen
Bündelt er mühsam das Brennholz. Ächzend
Richtet er sich auf, streckt die Hand hoch, zu spüren
Ob es regnet. Die Hand hoch
Der gefürchtete S.S. Mann.

Die Wahrheit einigt

Freunde, ich wünschte, ihr wüßtet die Wahrheit und sagtet sie!
Nicht wie fliehende müde Cäsaren: »Morgen kommt Mehl!«
So wie Lenin: Morgen abend
Sind wir verloren, wenn nicht ...
So wie es im Liedlein heißt:

Brüder, mit dieser Frage
Will ich gleich beginnen:
Hier aus unsrer schweren Lage
Gibt es kein Entrinnen.

Freunde, ein kräftiges Eingeständnis
Und ein kräftiges WENN NICHT!

Rudern, Gespräche

Es ist Abend. Vorbei gleiten
Zwei Faltboote, darinnen
Zwei nackte junge Männer: Neben einander rudernd
Sprechen sie. Sprechend
Rudern sie nebeneinander.

Lebensmittel zum Zweck

An Kanonen gelehnt
Teilen die Söhne Mac Carthys Schmalz aus.
Und in unendbarem Zug, auf Rädern, zu Fuß
Eine Völkerwanderung aus dem innersten Sachsen.

Wenn das Kalb vernachlässigt ist
Drängt es zu jeder schmeichelnden Hand, auch
Der Hand seines Metzgers.

Bei der Lektüre eines spätgriechischen Dichters

In den Tagen, als ihr Fall gewiß war
Auf den Mauern begann schon die Totenklage
Richteten die Troer Stückchen grade, Stückchen
In den dreifachen Holztoren, Stückchen.
Und begannen Mut zu haben und gute Hoffnung.

Auch die Troer also ...

Tannen

In der Frühe
Sind die Tannen kupfern.
So sah ich sie
Vor einem halben Jahrhundert
Vor zwei Weltkriegen
Mit jungen Augen.

Der Himmel dieses Sommers

Hoch über dem See fliegt ein Bomber.
Von den Ruderbooten auf
Schauen Kinder, Frauen, ein Greis. Von weitem
Gleichen sie jungen Staren, die Schnäbel aufreißend
Der Nahrung entgegen.

Bei der Lektüre eines sowjetischen Buches

Die Wolga, lese ich, zu bezwingen
Wird keine leichte Aufgabe sein. Sie wird
Ihre Töchter zu Hilfe rufen, die Oka, Kama, Unsha, Wetluga
Und ihre Enkelinnen, die Tschussowaja, die Wjatka.
Alle ihre Kräfte wird sie sammeln, mit den Wassern aus
7000 Nebenflüssen
Wird sie sich zornerfüllt auf den Stalingrader Staudamm stürzen.
Dieses erfinderische Genie, mit dem teuflischen Spürsinn
Des Griechen Odysseus, wird alle Erdspalten ausnützen
Rechts ausbiegen, links vorbeigehn, unterm Boden
Sich verkriechen – aber, lese ich, die Sowjetmenschen
Die sie lieben, die sie besingen, haben sie
Neuerdings studiert und werden sie
Noch vor dem Jahre 1958
Bezwingen.
Und die schwarzen Gefilde der Kaspischen Niederung
Die dürren, die Stiefkinder
Werden es ihnen mit Brot vergüten.

Die Kelle

Im Traum stand ich auf einem Bau. Ich war
Ein Maurer. In der Hand
Hielt ich eine Kelle. Aber als ich mich bückte
Nach dem Mörtel, fiel ein Schuß
Der riß mir von meiner Kelle
Das halbe Eisen.

Beim Lesen des Horaz

Selbst die Sintflut
Dauerte nicht ewig.
Einmal verrannen
Die schwarzen Gewässer.
Freilich, wie Wenige
Dauerten länger!

Laute

Später, im Herbst
Hausen in den Silberpappeln große Schwärme von Krähen
Aber den ganzen Sommer durch höre ich
Da die Gegend vogellos ist
Nur Laute von Menschen rührend.
Ich bins zufrieden.

Brecht selbst hat die »Gedichte im Exil« und die »Buckower Elegien« zusammengestellt und beiden Sammlungen ihren Namen gegeben.
Die »Gedichte im Exil«, von Brecht im Jahr 1944 ausgewählt, wurden in den Jahren nach 1933 geschrieben.
Die »Buckower Elegien« sind 1953 entstanden; Brecht nannte die Sammlung nach dem Ort Buckow bei Berlin, wo er ein Haus mit Garten am Schermützelsee gepachtet hatte.
Für diese zweite Auflage in der Insel-Bücherei wurde die Sammlung »Gedichte im Exil« nach der Ausgabe: Bertolt Brecht, Ausgewählte Werke in sechs Bänden. Dritter Band: Gedichte I, Suhrkamp Verlag Frankfurt am Main 1997, neu durchgesehen.
Die Sammlung der »Buckower Elegien« folgt in Textgestalt und Anordnung der Ausgabe: Bertolt Brecht, Buckower Elegien. edition suhrkamp 1397, Suhrkamp Verlag Frankfurt am Main 1986, der ersten vollständigen Edition des Zyklus, die (gegenüber der ersten Auflage in der Insel-Bücherei von 1964) auch sechs bislang unterdrückte Gedichte vorstellte: Die Musen, Die neue Mundart, Lebensmittel zum Zweck, Bei der Lektüre eines spätgriechischen Dichters, Der Himmel dieses Sommers, Die Kelle. Erstmals waren für diese Ausgabe auch die von Brecht ursprünglich beabsichtigte Anordnung der Gedichte rekonstruiert und die Textgestalt am Nachlaßmaterial überprüft worden.

Inhalt

Gedichte im Exil

Gedanken über die Dauer des Exils 7
Der Schneesturm 9
Der Kirschdieb 10
Der Totenvogel 11
1939. Aus dem Reich kommen wenig Nachrichten 12
Fragen eines lesenden Arbeiters 13
Die Antwort 15
1941. Die Tür 16
Hollywood 17
Lektüre ohne Unschuld 18
Bei der Nachricht von der Erkrankung
eines mächtigen Staatsmanns 19
Zeitunglesen beim Teekochen 20
Die Maske des Bösen 21
Deutsches Miserere 22
Ich, der Überlebende 23
Die Rückkehr 24

Buckower Elegien

Der Radwechsel 27
Der Blumengarten 28
Die Lösung 29
Böser Morgen 30
Die Musen 31
Gewohnheiten 32
Heißer Tag 33
Die neue Mundart 34
Große Zeit, vertan 35
Eisen 36
Der Rauch 37
Vor acht Jahren 38
Der Einarmige im Gehölz 39
Die Wahrheit einigt 40
Rudern, Gespräche 41
Lebensmittel zum Zweck 42
Bei der Lektüre eines spätgriechischen Dichters 43
Tannen 44
Der Himmel dieses Sommers 45
Bei der Lektüre eines sowjetischen Buches 46
Die Kelle 47
Beim Lesen des Horaz 48
Laute 49

Erste Auflage dieser Ausgabe Insel Verlag Berlin 2017 © dieser Ausgabe Insel Verlag Frankfurt am Main und Leipzig 1998 © Copyright by Stefan S. Brecht 1964. Bezugspapier: Brecht-Weigel-Haus in Buckow am Schermützelsee, 1979. Foto: akg-images, Berlin. Gesetzt in der Schrift Bembo. Gedruckt auf holzfreies, alterungsbeständiges Werkdruckpapier der Firma Cordier, Bad Dürkheim, vom Druckhaus Nomos, Sinzheim. Gebunden in Fadenheftung von der Conzella Verlagsbuchbinderei GmbH & Co KG, Aschheim-Dornach. Printed in Germany.

ISBN 978-3-458-17731-9